Editions Usborne

IL ETAIT UNE FOIS

Adaptation : Heather Amery

Illustrations : Stephen Cartwright

Sommaire

Cherche le petit canard jaune, il y en a un sur chaque page.
C'est la mascotte de Stephen Cartwright,
l'illustrateur de ce livre.

Les contes de fées ont une si longue histoire qu'on ne sait pas toujours à quelle époque ils ont été écrits, ni qui en sont les auteurs. Et pourtant, ils ont enchanté des générations et, preuve de leur popularité, ils continuent à fasciner les enfants d'aujourd'hui.

Les contes sélectionnés dans cet ouvrage sont particulièrement adaptés aux petits. Ils ont gardé l'esprit des contes originaux, avec la répétition de phrases et d'événements, et en même temps, l'humour et la tendresse qui se dégagent des illustrations les rendent accessibles à de jeunes enfants.

Le texte, imprimé en gros caractères, permet à des lecteurs débutants de découvrir eux-mêmes le plaisir du conte.

Un album à découvrir avec ses parents pour ceux qui ne savent pas encore lire ou à lire seul pour les plus grands.

LE PETIT CHAPERON ROUGE

Il était une fois une petite fille qui habitait avec sa maman tout près d'une grande forêt. Sa grand-mère lui avait cousu une jolie cape rouge avec un capuchon.

La fillette l'aimait beaucoup et la portait toujours pour sortir. Depuis, tout le monde l'appelait « le Petit chaperon rouge ».

Un jour, sa maman lui dit :

« Ta grand-mère est malade. Je lui ai préparé une galette et un petit pot de beurre. Tu vas les lui apporter, elle sera contente. Fais attention en traversant la forêt. Surtout, n'adresse pas la parole à des inconnus. »

Le Petit chaperon rouge dit au revoir à sa maman et partit dans la forêt avec son panier.

C'était une très belle journée. Elle était très contente et chantonnait tout en marchant. Elle ne vit pas le gros loup gris qui la regardait, caché derrière un arbre, les yeux brillants...

Soudain, le loup surgit devant elle. Le Petit chaperon rouge eut très peur, mais le loup souriait.

« Où vas-tu, petite fille ? demanda-t-il.

– J'apporte une galette et un petit pot de beurre à ma grand-mère qui vit dans une chaumière au cœur de la forêt. »

Le loup se lécha les babines et demanda :

« Pourquoi ne pas lui apporter de jolies fleurs ? »

Le Petit chaperon rouge n'aimait pas du tout le sourire du loup, mais elle pensa que des fleurs feraient très plaisir à sa grand-mère.

« C'est une bonne idée, monsieur Le Loup », dit-elle.

Elle posa son panier et commença à cueillir un gros bouquet de fleurs. Le loup sourit de nouveau, montrant ses belles dents blanches. Il observa le Petit chaperon rouge un moment, puis partit en courant vers la maison de la grand-mère. Il avait faim, très faim, et la pensée du festin qui l'attendait lui donnait des ailes...

Le loup découvrit la maison et regarda par la fenêtre. Il vit la grand-mère qui lisait dans son lit.

Il frappa fort à la porte.

« Entrez », cria la grand-mère.

Et le loup entra. Aussi rapide que l'éclair, il se précipita sur la grand-mère et n'en fit qu'une bouchée.

Puis il s'installa dans le lit, et mit le bonnet de nuit et les lunettes de la grand-mère. Il remonta le drap jusqu'à son museau et s'adossa confortablement aux oreillers. « Le Petit chaperon rouge ne va pas tarder », se dit-il. Et il l'attendit avec impatience, car il avait encore faim.

Quand la petite fille arriva chez sa grand-mère avec son panier et son bouquet de fleurs, elle frappa à la porte.

« C'est moi, grand-mère, dit-elle.

– Entre, mon enfant, dit le loup en déguisant sa voix, je suis dans ma chambre. »

Le Petit chaperon rouge entra.

« Bonjour, grand-mère. Je t'ai apporté une galette et un bouquet de fleurs. » Elle s'arrêta et la regarda.

« Oh ! grand-mère, comme tu as de grands yeux !

– C'est pour mieux te voir, mon enfant ! » répondit le loup.

« Oh ! grand-mère, dit le Petit chaperon rouge, un peu effrayée, comme tu as de grandes oreilles !

– C'est pour mieux t'entendre, mon enfant ! dit le loup.

– Oh ! grand-mère, dit le Petit chaperon rouge, de plus en plus effrayée, comme tu as de grandes dents !

– C’est pour mieux te manger, mon enfant ! » rugit le loup.

Il bondit hors du lit, se jeta sur le Petit chaperon rouge et n’en fit qu’une bouchée. Puis il se recoucha, bâilla, remonta les couvertures et s’endormit aussitôt, sa faim assouvie.

Dans la forêt, un bûcheron entendit les cris du Petit chaperon rouge. « Que se passe-t-il donc ? Je ferais bien d'aller voir comment va la vieille dame », se dit-il.

Il courut à la maison, ouvrit la porte et se précipita dans la chambre de la grand-mère, qui avait vraiment une drôle d'allure.

Quand il vit le loup couché dans le lit, le courageux bûcheron le tua avec sa hache et lui ouvrit le ventre avec son couteau.

A l'intérieur, il y avait la grand-mère et le Petit chaperon rouge, un peu serrées mais bien vivantes, et très contentes d'avoir été secourues.

« Merci de nous avoir sauvé la vie. Le méchant loup ne fera plus jamais peur », dit la grand-mère.

Le bûcheron alla enterrer l'animal dans la forêt. Puis tous les trois s'assirent et partagèrent un délicieux goûter bien mérité.

LES TROIS PETITS COCHONS

Il était une fois une maman cochon qui avait trois enfants. Ils habitaient tous ensemble dans une petite maison.

Les petits cochons grandirent, jusqu'au jour où leur maman leur dit : « Vous êtes trop grands pour rester ici. Il est temps d'avoir chacun votre maison. »

Le lendemain, maman cochon leur prépara un pique-nique et ils se mirent en route.

« Au revoir, mes enfants, dit la maman. Construisez vous-mêmes votre maison et rappelez-vous, n'ouvrez jamais votre porte au grand méchant loup. Sinon, il vous mangera. »

Le premier petit cochon rencontra un homme qui portait une énorme botte de paille.

« S'il vous plaît, Monsieur, pouvez-vous me donner un peu de paille pour construire ma maison ?

– Bien sûr », dit-il, et il lui donna sa botte de paille.

Le petit cochon commença à construire sa maison de paille. Il travailla très dur et à la fin de la journée, il avait fini sa jolie petite maison.

Il y avait une grande porte devant et une petite derrière. « Je serai en sécurité à présent », pensa-t-il, et il rentra dans sa maison.

Chemin faisant, le deuxième petit cochon rencontra un homme qui portait un gros fagot de bois.

« S'il vous plaît, Monsieur, pouvez-vous me donner un peu de bois pour construire ma maison ?

– Bien sûr », dit l'homme, très aimable, et il lui donna son fagot de bois.

Toute la journée le petit cochon travailla très dur.

Quand il eut fini, il avait une ravissante petite maison, avec des murs solides, un toit, une fenêtre, deux portes et une cheminée.

« Le grand méchant loup ne pourra pas rentrer, se dit-il, et je serai bien en sécurité à l'intérieur. »

Le troisième petit cochon rencontra un homme qui transportait un gros tas de briques dans une brouette.

« S'il vous plaît, Monsieur, pouvez-vous me donner des briques pour construire ma maison ?

– Certainement », dit l'homme, et il lui donna toutes ses briques.

Pendant des jours et des jours, le petit cochon travailla dur. Il construisit des murs épais, posa le toit, les deux fenêtres et la porte. Quand il eut fini, il avait une merveilleuse maison avec une belle cheminée.

« Je n'ai pas peur du grand méchant loup maintenant », pensa-t-il.

Un jour, le loup frappa à la porte de la maison de paille. « Petit cochon, laisse-moi entrer, cria-t-il, sinon je soufflerai si fort sur ta maison qu'elle s'envolera.

– Non, non, non ! » répondit le petit cochon. Alors le loup souffla, souffla... Il souffla si fort que la maison s'envola.

Le petit cochon s'enfuit vers la maison en bois.

Mais le loup vint frapper à la porte.

« Petits cochons, laissez-moi entrer, demanda-t-il, sinon je soufflerai si fort sur la maison qu'elle s'écroulera.

– Non, non, non ! » répondirent les deux cochons.

Alors, le loup souffla si fort que la maison s'écroula.

Les deux petits cochons s'enfuirent et se réfugièrent dans la maison en brique. Mais le loup arriva et frappa à la porte.

« Petits cochons, laissez-moi entrer, demanda-t-il, ou je soufflerai si fort sur la maison qu'elle s'écroulera.

– Non, non, non ! » répondirent les trois petits cochons. Alors le loup souffla, souffla et souffla encore.

Mais il eut beau faire, la maison tint bon. Le loup avait faim, il était furieux et très essoufflé.

Il était bien décidé à parvenir à ses fins. Il fit le tour de la maison pour chercher un moyen d'entrer et attraper les petits cochons.

Il grimpa sur le toit et regarda par la cheminée.

Les petits cochons allumèrent un feu dans le poêle, sur lequel ils firent chauffer une grande marmite d'eau.

« Maintenant, nous sommes prêts pour le grand méchant loup », dirent-ils, et ils l'attendirent de pied ferme, tout excités.

Le loup descendit par la cheminée et tomba dans la marmite pleine d'eau bouillante. Plouf ! Un des petits cochons prit le grand couvercle et ferma bien vite la marmite.

« C'est la fin du grand méchant loup ! » s'écrièrent les trois petits cochons, et ils dansèrent de joie.

« Maintenant, nous allons dîner, dit le troisième petit cochon, et vous pouvez rester tous les deux dans ma maison en brique, pour toujours. »

Après le dîner, les trois petits cochons allèrent se coucher, sains et saufs, et très heureux de savoir que le grand méchant loup ne leur ferait plus jamais peur.

BOUCLE D'OR ET LES TROIS OURS

Il était une fois trois ours qui vivaient au milieu d'une grande forêt. Ils habitaient une maisonnette en bois, avec de jolis rideaux rouges aux fenêtres et une haute cheminée sur le toit.

Il y avait papa Ours, de grande taille, maman Ourse, de taille moyenne, et le bébé, Ourson.

Un matin, maman Ourse remplit de bouillie les trois bols du petit déjeuner, mais la bouillie était beaucoup trop chaude.

« Allons nous promener en attendant que cela refroidisse », dit papa Ours. Maman Ourse mit son chapeau et tous trois partirent dans la forêt.

Pendant ce temps-là, arriva une petite fille appelée Boucle d'or, qui se promenait toute seule dans le bois.

Elle vit la maisonnette et regarda par la fenêtre pour savoir qui vivait là. Apparemment, il n'y avait personne...

Elle ouvrit la porte et entra.

Les bols de bouillie étaient sur la table. Elle goûta tout d'abord celle de papa Ours : « Trop chaud ! » dit-elle.

Puis elle goûta celle de maman Ourse et dit : « Trop froid ! » Enfin, elle goûta la bouillie de bébé Ourson et s'exclama : « Juste comme il faut ! » et elle la mangea en entier.

Boucle d'or avait trop mangé, elle avait envie de dormir. Elle s'assit sur la chaise de papa Ours :

« Trop dur ! » dit-elle.

Puis elle s'installa dans le fauteuil de maman Ourse : « Trop mou ! » dit-elle. Boucle d'or se sentait de plus en plus fatiguée...

Enfin, elle essaya la chaise de bébé Ourson et s'exclama : « Juste comme il faut ! » et elle s'endormit.

Mais soudain, on entendit un craquement. Boucle d'or cria et pouf ! elle tomba par terre. Elle était si lourde qu'elle avait cassé la chaise du petit ours en mille morceaux.

Boucle d'or était vraiment très fatiguée. Elle alla visiter la chambre. Il y avait trois lits. Elle s'allongea sur le lit de papa Ours : « Trop haut ! » dit-elle.

Elle descendit et s'allongea sur le lit de maman Ourse : « Trop bas ! » pensa-t-elle. Elle bâilla et se frotta les yeux.

Enfin, elle s'allongea sur le lit de bébé Ourson et s'exclama : « Juste comme il faut ! » Elle remonta les couvertures pour être bien au chaud et s'endormit.

Elle ne vit pas par la fenêtre les trois ours qui rentraient de leur promenade et s'approchaient de la maison.

Les ours avaient faim et voulaient leur petit déjeuner. Papa Ours regarda dans son bol :

« Qui a mangé ma bouillie ? » dit-il de sa grosse voix. Maman Ourse regarda dans son bol :

« Qui a mangé ma bouillie ? » dit-elle de sa voix douce.

Bébé Ourson s'assit et regarda son bol vide :

« Et qui a mangé ma bouillie ? dit-il de sa petite voix. Il n'en reste plus. »

Et il se mit à pleurer.

« Ne t'inquiète pas, dit maman Ourse, je vais en faire une autre. »

Papa Ours était très fâché :

« Quelqu'un est venu dans notre maison », dit-il. Il commença à chercher autour de lui, puis s'arrêta et regarda sa chaise :

« Qui s'est assis sur ma chaise ? » demanda-t-il de sa grosse voix.

Maman Ourse regarda son fauteuil :

« Qui s'est assis dans mon fauteuil ? » demanda-t-elle de sa voix douce.

Bébé Ourson courut voir sa chaise :

« Et qui s'est assis sur ma chaise ? demanda-t-il de sa petite voix. Elle est toute cassée. »

Les trois ours, de plus en plus étonnés, entrèrent alors dans la chambre.

Papa Ours regarda son lit : « Qui a dormi dans mon lit ? » dit-il de sa grosse voix.

Maman Ourse regarda son lit : « Qui a dormi dans mon lit ? » dit-elle de sa voix douce.

« Et qui a dormi dans mon lit ? demanda bébé Ourson de sa petite voix. Oh ! regardez, il y a une petite fille ! »

Le bruit des voix réveilla Boucle d'or. Elle eut très peur quand elle vit les trois ours penchés sur elle et qui la regardaient.

Elle cria et se précipita hors du lit. Elle enjamba la fenêtre et courut jusque chez elle aussi vite qu'elle le put. En pleurant, elle raconta à sa maman ce qui lui était arrivé.

Les trois ours ne revirent jamais Boucle d'or. Et elle ne se promena plus jamais toute seule dans la forêt.

RUMPEL LE LUTIN

Il était une fois un meunier très pauvre qui avait une fille ravissante, et de plus, très habile. Il en était si fier qu'il n'arrêtait pas de la vanter.

Un jour, il dit au roi :

« Votre Majesté, voici ma fille. Elle est si habile qu'elle sait filer la paille et la changer en or. »

Le roi aimait l'or. Il fit venir la jeune fille au palais et la conduisit dans une chambre remplie de paille, dans laquelle se trouvait un rouet.

« Si demain matin tu n'as pas changé cette paille en or, tu mourras », lui dit-il.

Puis il l'enferma.

La jeune fille était désespérée. « Je ne sais pas filer cette paille en or », se dit-elle, et elle se mit à pleurer.

Soudain, la porte s'ouvrit et, à la grande surprise de la jeune fille, un lutin entra.

« Me voilà ! dit-il. Que me donneras-tu si je change pour toi cette paille en or ? »

« Je te donnerai mon collier », dit la jeune fille en le regardant fixement.

Le drôle de lutin s'installa devant le rouet et se mit à filer. Il travailla toute la nuit et au matin, il avait changé toute la paille en fil d'or. Puis il disparut aussi vite qu'il était venu.

Quand le roi entra, il fut étonné mais très content de voir tout cet or. Il conduisit la jeune fille dans une pièce plus grande, remplie de paille, et lui dit :

« Si demain matin tu n'as pas changé cette paille en or, tu mourras. »

Puis il l'enferma.

La jeune fille s'assit et se mit à pleurer. Soudain, la porte s'ouvrit et le lutin entra.

« Que me donneras-tu si je transforme cette paille en or ? demanda-t-il.

– Je te donnerai ma bague », répondit la jeune fille. Le lutin ne se le fit pas dire deux fois.

Le lutin s'assit et se mit à filer avec le rouet. Au matin, toute la paille était devenue de l'or et le lutin avait disparu.

Quand le roi entra, il fut encore heureusement surpris. Mais comme il aimait beaucoup l'or, il en voulut davantage.

Il conduisit la jeune fille dans une pièce encore plus grande que les autres, avec un énorme tas de paille et un rouet. « Si demain matin tu n'as pas changé cette paille en or, tu mourras », dit-il. Et il l'enferma.

La jeune fille se mit à pleurer. Mais soudain, le lutin apparut de nouveau.

« Que me donneras-tu si je file cette paille en or ? demanda-t-il.

– Je n'ai plus rien à offrir, répondit la jeune fille.

– Alors, promets-moi de me donner ton premier enfant quand tu seras reine.

– Cela n'arrivera jamais », pensa-t-elle, et elle promit.

Le petit lutin se mit à filer. Il travailla toute la nuit à son rouet, puis disparut. Quand le roi entra, il fut si heureux de voir tant d'or qu'il dit à la jeune fille :

« Marions-nous, et nous serons toujours riches. » C'est ainsi que la fille du meunier épousa le roi et devint reine.

Quand la reine eut son premier bébé, elle fut très heureuse. Elle avait oublié la promesse faite au lutin.

Mais un jour, le lutin vint la lui rappeler. La reine pleura jusqu'à ce qu'il lui accorde une dernière chance :

« Je te donne trois jours pour deviner mon nom. Sinon, je prends ton enfant. » Et il disparut.

Tout le jour et toute la nuit, la reine pensa aux prénoms qu'elle connaissait et envoya des messagers dans tout le pays pour en trouver d'autres.

Le lendemain, elle demanda au lutin :
« Est-ce Thomas ou Basile ou Amédée ?
– Non ! » répondit-il.

Le jour suivant, elle proposa plusieurs autres noms :

« Est-ce Jambes-arquées, Nez-crochu ou alors... Tête-de-mule ?

– Non ! » dit le lutin, qui ajouta en ricanant : « Si demain tu n'as pas découvert mon vrai nom, tant pis pour toi, j'emporterai ton bébé. »

Le troisième jour, un messager vint voir la reine :

« Je n'ai pas trouvé de nouveaux noms, dit-il, mais j'ai vu dans la forêt un drôle de petit être qui chantait : " Je m'appelle Rumpel le lutin et j'aurai le fils de la reine demain ".

– Oh, merci ! » dit la reine.

Quand le lutin revint, la reine lui dit :

« Ton nom est Jean, Luc ou… Rumpel le lutin ?

– Quelqu'un te l'a dit ! » cria le lutin en colère, et il frappa si fort du pied que sa jambe tout entière s'enfonça dans le sol. Il la retira, puis s'enfuit.

On ne le revit jamais plus.

LA BELLE AU BOIS DORMANT

Il était une fois un roi et une reine bons et généreux, mais qui étaient très malheureux, car ils n'avaient pas d'enfants.

Après avoir attendu de nombreuses années, ils eurent enfin une fille. Ils étaient enchantés et bien sûr, ils adoraient la petite princesse.

Pour le baptême de la princesse, le roi et la reine donnèrent une grande fête au palais. Ils invitèrent six bonnes fées, mais oublièrent d'inviter une méchante fée, qui était toujours de mauvaise humeur et que personne n'avait vue depuis longtemps. Elle fut très en colère et décida de se venger.

Après le festin, les bonnes fées se penchèrent sur le berceau et firent des dons au bébé. La princesse serait bonne, belle, intelligente, elle saurait chanter et danser admirablement.

C'était au tour de la sixième fée de faire un don quand la méchante fée apparut, sans avoir été invitée.

« Voici mon don pour la princesse, dit-elle.

Lorsqu'elle aura seize ans, elle se piquera le doigt à un fuseau et elle mourra.

– Oh non ! » s'écria la sixième fée, qui fit un don à son tour. « Elle ne mourra pas, mais elle dormira pendant cent ans. »

Le roi cria et la reine pleura, mais la méchante fée disparut dans un nuage de fumée.

« Je vais créer une nouvelle loi, déclara alors le roi. Tous les rouets de mon royaume doivent être brûlés immédiatement. Ainsi, la princesse ne risquera pas de se piquer. »

Les années passèrent. Au fur et à mesure que la princesse grandissait, elle devint bonne, belle, intelligente, elle dansait et chantait à la perfection.

Pour son seizième anniversaire, on donna un grand bal auquel furent invitées les six bonnes fées. Tout le monde avait oublié la méchante fée.

Le lendemain, la princesse découvrit dans le palais un escalier secret qui menait à une pièce isolée.

Elle poussa la porte et vit une vieille femme qui filait avec un rouet.

« Entre donc, ma fille », dit la vieille femme, qui était en réalité la méchante fée.

« Que faites-vous ? demanda la princesse qui n'avait jamais vu un rouet.

– Je file, répondit la vieille femme. Viens, je vais t'apprendre ! Tiens ceci. »

La princesse avança la main et s'écria :

« Aïe ! Je me suis piquée ! »

En un instant, la princesse sombra dans le sommeil. Le roi bâilla, la reine bâilla, et tout le monde au palais s'endormit profondément.

La méchante fée disparut aussitôt. Les six bonnes fées portèrent la princesse endormie jusqu'à son lit et la couchèrent.

Dans le palais, rien, pas même une souris, ne bougea pendant cent ans. Une forêt, épaisse et haute, poussa tout autour du château, ne laissant dépasser que les toits.

Personne n'approchait de cet endroit lugubre, mais, pendant que tous dormaient, les fées veillaient.

Exactement cent ans plus tard, un jeune prince chassait près du palais. Il aperçut les toits par-dessus les arbres et interrogea un vieil homme, qui lui dit :

« Mon grand-père m'a raconté que ce palais était enchanté et qu'il y avait une belle princesse endormie. Mais personne ne sait comment entrer. »

Le prince remercia l'homme et se dirigea vers le palais. Quand il s'enfonça dans la forêt, les arbres s'écartèrent pour le laisser passer.

Il arriva au château, gravit les marches en courant et passa devant les gardes endormis. Rien ne bougea. Il régnait un silence absolu, un peu inquiétant.

Le prince parcourut le palais et découvrit enfin la chambre de la princesse. Quand il vit la jeune fille endormie, il la trouva si belle qu'il se pencha pour l'embrasser doucement. La princesse ouvrit alors les yeux et sourit :

« Vous êtes enfin venu », lui dit-elle.

Tous les habitants du palais se réveillèrent, bâillèrent, s'étirèrent.

« J'ai faim, dit le roi, ce soir nous donnerons un festin ! »

Il remercia le prince d'être venu à leur secours et la reine invita celui-ci à rester.

Le lendemain, le prince demanda au roi la main de sa fille. « Avec plaisir ! » répondit le roi.

Il y eut une grande fête pour le mariage, auquel on convia les six bonnes fées.

Le prince et la princesse vécurent heureux pendant très, très longtemps.

CENDRILLON

Il était une fois une jeune fille nommée Cendrillon. Elle vivait dans une grande maison avec sa marâtre, une horrible femme qui avait deux filles. Celles-ci étaient méchantes et laides.

Toutes les trois détestaient Cendrillon, car elle était belle, gentille et toujours de bonne humeur.

La marâtre et ses filles obligeaient Cendrillon à tout faire dans la maison. Elle travaillait de l'aube jusqu'à la tombée de la nuit.

Pour se nourrir, on lui donnait des restes, pour se vêtir, de vieux habits, et pour dormir, le grenier glacial. Mais Cendrillon ne se plaignait jamais.

Un beau jour, Cendrillon et ses sœurs reçurent une invitation du prince pour un grand bal donné au palais. Les deux sœurs étaient très excitées.

« Soyons les plus belles pour le prince, dit l'une.

– Il nous faut des robes et des chaussures neuves, des gants et des sacs neufs », dit l'autre.

Quand le grand jour arriva, elles passèrent toute la journée à s'habiller et à se faire coiffer. Lorsqu'elles furent enfin prêtes, Cendrillon demanda :

« Puis-je venir avec vous ?

– Bien sûr que non ! Reste dans ta cuisine ! » répondirent les sœurs, et elles s'en allèrent.

Cendrillon se mit à pleurer. Soudain, elle entendit :

« Qu'y a-t-il, mon enfant ? »

Surprise, la jeune fille leva les yeux et reconnut sa marraine la fée.

« Je voudrais aller au bal, dit-elle.

– Fais ce que je te dis, répondit la fée, et tu iras. »

Elle continua ainsi : « Tout d'abord, apporte-moi une grosse citrouille du jardin, puis la cage avec six souris blanches et celle avec le rat, ainsi que les six lézards verts cachés derrière la bassine. »

Cendrillon était très étonnée, mais elle obéit sans discuter.

Alors, sa marraine frappa légèrement chaque chose de sa baguette magique, et tout se transforma : la grosse citrouille en un superbe carrosse, les six souris blanches en six chevaux, le rat en cocher et les lézards en six laquais élégants. Cendrillon, ébahie, n'en croyait pas ses yeux !

Puis la fée donna un coup de baguette magique à Cendrillon. Aussitôt, elle fut vêtue d'une robe magnifique et chaussée de pantoufles de verre.

« Va au bal, dit sa marraine, mais n'oublie pas de partir avant que sonnent les douze coups de minuit.

– Oh ! merci, merci ! » s'exclama Cendrillon.

Quand Cendrillon arriva au palais dans son carrosse, le prince vint à sa rencontre. Tout le monde la prit pour une princesse et même ses méchantes sœurs ne la reconnurent pas. Il y avait un grand dîner composé de mets délicieux, et des musiciens jouèrent toute la soirée.

Le prince dansa toutes les danses avec Cendrillon. Elle s'amusait tant qu'elle oublia l'heure. Soudain, elle entendit sonner les douze coups de minuit.

« Je dois partir ! » s'exclama-t-elle.

Elle descendit l'escalier en courant et perdit une de ses pantoufles de verre.

Au moment où elle partait, le carrosse redevint citrouille et elle se retrouva vêtue de ses vieux habits.

Elle courut jusqu'à la maison et s'assit dans la cuisine. Lorsque ses sœurs rentrèrent, elles lui racontèrent le bal somptueux et la fuite soudaine de la princesse inconnue.

Le prince désirait retrouver la princesse, mais il ne connaissait même pas son nom. Il ne possédait d'elle que sa pantoufle de verre.

« Je la rechercherai à travers tout le royaume, dit-il. La jeune fille qui pourra chausser la pantoufle deviendra ma femme. »

Des jours durant, le prince alla de maison en maison. De nombreuses jeunes filles essayèrent la pantoufle, mais elle était toujours trop petite. C'est alors que le prince arriva chez Cendrillon. Ses méchantes sœurs tentèrent d'enfiler la pantoufle. Mais elles eurent beau faire, leur pied était trop grand.

« Puis-je l'essayer ? demanda Cendrillon.

– Surtout pas ! s'écrièrent ses sœurs.

– Laissez-la essayer », ordonna le prince.

La pantoufle lui allait parfaitement. Alors, la fée apparut, et les vieux habits de Cendrillon se transformèrent en une robe ravissante.

« Je vous ai enfin trouvée ! dit le prince. Voulez-vous m'épouser ?

– Oh oui ! répondit Cendrillon, ravie.

– Oh non ! » s'exclamèrent ses sœurs, furieuses.

Le prince et Cendrillon se marièrent donc. Ils furent très heureux et eurent beaucoup d'enfants.